JN073068

Contents

6 　巻頭スペシャルインタビュー
Ryoji × 柴田英嗣

10 　**Ryojiの私物拝見!!** PART1
ゴルフクラブ編

12	第1話	ゴルフ場へ向かうひと幕
14	第2話	スパイ映画の様に……
16	第3話	でも……
18	第4話	好きこそ物の上手なれ
20	第5話	導き
22	第6話	美しさの秘密
24	第7話	パイセンも何も……
26	第8話	終わりの無い恋をして
28	第9話	マイナスからみえるプラス
30	第10話	迷彩妄想ゴルフ
32	第11話	ライフスタイル
34	第12話	前夜祭
36	第13話	季節は心模様に似て
38	第14話	意外性のハーモニー
40	第15話	赤鼻の○○ちゃん
42	第16話	今年初

44	第17話	TPO
46	第18話	夢一打
48	第19話	シーズン到来
50	第20話	赤い主役と緑のターフ
52	第21話	大の大人が……
54	第22話	翼の折れたエンジェル
56	第23話	ターフボーイズ
58	第24話	憧れは美しく
60	第25話	晩秋はさりげなく
62	第26話	木の裏には誰がいる?
64	第27話	フレンドシップ
66	第28話	抜き差し有り!
68	第29話	君の夢は?
70	第30話	余力のある選択
72	第31話	一打の勝ちと一打の価値
74	第32話	可愛さスパイス
76	第33話	ドジな魔法使い
78	第34話	ヌーディストゴルフ
80	第35話	今更サマー
82	第36話	素適材素適所

Contents

84 **Ryojiの私物拝見!! PART2**
ゴルフウェア編

86	第37話	ボヤッキーとオサボリン
88	第38話	スコアの壁と言葉の壁
90	第39話	地球の裏側で……
92	第40話	慣れた手付きで……
94	第41話	見えない物を見ようとして……
96	第42話	あの頃ならきっと
98	第43話	今日から俺は
100	第44話	僅かの極み
102	第45話	メーアーリーフー
104	第46話	悲しみは名曲と共に
106	第47話	濃い味の好きさ加減
108	第48話	You say フォアー!!
110	第49話	損なルールに騙されて
112	第50話	私をゴルフに連れてって
114	第51話	PAR365日
116	第52話	鼻と花
118	第53話	母ちゃんやったぜ!
120	第54話	やればやるほど下手になる

122	第55話	そうじゃない者達の疑問
124	第56話	紳士淑女の皆様へ
126	第57話	未完成の景色
128	第58話	時にはバーテンダーの様に
130	第59話	酒の肴になる僕等
132	第60話	無邪気な飛ばし屋
134	第61話	奇跡を信じる大人達
136	第62話	遊び心が拠り所
138	第63話	四季ある国のゴルフ人
140	第64話	開花宣言
142	第65話	殿方の務め
144	第66話	Come again please
146	第67話	最高のスポーツ
148	第68話	夢と消えたベストスコア
150	第69話	継続はラジバンダリ
152	第70話	三本のややウケ
154	第71話	人生に攻めのスパイスを
156	最終話	ランチが似合う大人達

158   **Message from Ryoji**

巻頭

書籍化決定記念!!

スペシャルインタビュー

Ryojiとの旧知の仲、アンタッチャブルの柴田英嗣さんをお招きし、
ゴルフでの出会いや、仕事でのお話しなどを伺った。

Ryoji
ケツメイシ

×

柴田英嗣
アンタッチャブル

——公私共に仲良くされているということで、最初の出会いは?

Ryoji ゴルフ場で、偶然でしたね。アクアラインゴルフクラブで柴田さんがグリーンにいて、自分は別のホールのティグラウンドにいたんですよ。リチャードホールとかテレビでよく見てたんでね、思わず会釈しちゃったんですよね。

柴田 そんな人います?面識もないのに。

Ryoji その後柴っちゃんがフロントに手紙を預けてくれてて。先程はご挨拶頂いたのに、急なことで無視しちゃってスイマセン的な内容だったと思う。

柴田 実はゴルフ場に向かう道中に、ケツメイシのDVDを観ていて、ゴルフ場行ったらホンモンいるわっ……。それからお笑いの道に進むのを諦めましたもんね。

Ryoji その後お礼でCDかDVDを送ったら、またゴルフ一緒に行くようにな

シャンの中では面白いほうだと思ってましたけど、お笑いのプロのお二人の掛け合いを目の前にしたら……。自分もミュージ

柴田 元々そっちの道進まなくてもいいでしょう。

Ryoji そんなきっかけで

に呼んで頂くことにね。あの頃は確か、コンビの仲も良い時でしたね。

柴田 いやいや、今も仲いいけど……。

Ryoji その時の収録で度肝抜かれましたよね。

ご連絡頂いて。ラジオ番組

Ryoji

テレビで観てる人が、まさか眼の前にいる！

って。そこからですかね。

柴田 そうか〜、ゴルフ場で偶然出会ってから、もう10年以上も経ちましたね。

Ryoji あのとき柴田さんと出会ってなかったら、ケツメイシもコントしてなかっただろうなと。

Ryoji あれからですよね、柴っちゃんにコントのこと色々教えてもらったりして。最初はメンバーイヤイヤだったのにな。今となっては自分のボケが少ないとかいうようになっちゃって。

柴田 Ryoさんとかなかなか大変でしたよ。面白いもの作って提出しても、真顔でいうんですよ。「柴田さん、これはなんで面白いんですか?」とかね。今は信用してくれるようになります

したけど、だいぶ。

Ryoji 今は逆に信用しきってててね、任せっきりですよね。なんなら出てくれないかってね。

柴田 何回か出てますよ。ありがとうございます!

——お互いのゴルフでの印象はどうですか?

Ryoji なんせ元気ですね。スコアが良かろうが悪かろうが、楽しそうに駆け回ってる感じですね。少年のようですよ。

柴田 Ryojiさんはストイックですよね。やっぱり集中力がスゴインですよ、一打一打のね。ボクはやっぱ

ってなったら今日はダメだと諦めますもんね。前半ダメでも、後半集中切らさずにね。夏なんか汗かいて、ビショビショになってましたよ。

Ryoji テレビでも前半スべった時は、後半はもう諦めるんですか?

柴田 ずっと静かにしてますよ。

Ryoji そういえば、一回クラブ折れた事件もあったよね。

柴田 木の根っこも一緒に打っちゃってね、クラブってこんな簡単に折れるんだって。

Ryoji あの時はビックリしたよね。テレビ出てるような人が怪我したら大変なことになってたよね、今考えると。

柴田 5番だったんですよ。5番って一番強いクラブだと聞いてたんですよね。違うんだ〜って。

Ryoji あの時は2年間くらいよく一緒に行ってましたけどね。それから自分は真剣モードで、柴っちゃんはエンジョイだったからな

柴田英嗣
──
Ryojiさんは超ストイック ゴルフに関してはね

あんまり一緒に行くのもなくなったかな。むしろ飲みに行く機会は多くなりましたけどね。

Ryoji 柴っちゃんくるとみんなを盛り上げてくれるからね。

柴田 ただね、Ryojiさんと一緒だと、ボケ合戦みたいな空気になるから。例えばトイレ行って出てくる時に、なんかボケて出てこないといけないとかね。毎回あるのよ。先輩も後輩も、男も女も関係なくてね。スゴくトイレを我慢している自分がいました!

Ryoji 共通の知り合いに面白い人ばっか揃ってましたよね。

柴田 類友じゃないけど。

——あと仕事面でのエピソードなどは?

柴田　ライブのコントでね、結局アドリブの方がウケちゃうっていう、作り手としてはイヤな状況……。

Ryoji　一元がしっかりしてるから、アドリブが映えるってことですよ。

柴田　今回はボクがあんまり参加できなくて、あとでDVDを観させてもらったんですけど、本編よりもアドリブが多くなっちゃってる回とかがあるんですよね。それが理想形でもあるんですよ。ベースの上にアドリブが乗ってきて、ライブで伝わっていく感じがね。

——お二人にとってゴルフとは?

Ryoji　ゴルフするってこ

Ryoji
——
ゴルフ場でもこのまんま
楽しい時間を過ごしましたね

とは、そこで人と出会えるってことだね。お互いの人生に影響を与えるような出会いがあったわけですからね、我々みたいに。

柴田　ゴルフだけ辛くないんですよ、例えば早起きとかも、いつまで経っても夢中になれる。仕事の癒しにもなりますよね。

Ryoji　あといろんな楽しみ方がいいよね。エンジョイゴルフでも、真剣にやっても楽しいですし。やっぱりゴルフの醍醐味って、思い通りにならないことがあるからなんですよね。思い通りにならない中に、うまくいった時の快感なんじゃないでしょうかね! あとは唯一、相手を褒め合うことができるスポーツ、それもサイコーですね。

Ryojiの私物拝見!!

ゴルフクラブ編

FOURTEEN

フォーティーン

https://www.fourteen.co.jp/

「とあるYoutube番組で初めて打たせてもらった時、今まで使ってるクラブとフィーリングも似ていて。ヘッドが薄く構えやすかったり、スピンも入るところがポイントです。アイアンは工房限定モデルの『RM-B』、ウェッジは人気の『RM-4』にしました」

美しい
デザインで
スピンも利く

相棒を手に入れ
ラウンドがより楽しく

使用し始めてから馴染むのも早かったし、良いクラブと出会えたなと。見た目は渋く、でも寛容なところが気に入っている。

うひと幕

第 話

ゴルフ場へ向か

朝イチのナイスショットをイメージして、ひとり愛車をとばす。
逆光の朝日を浴びて目を細める様子は、
まるで映画のワンシーンの様で……
それとなくハンドルを持つ手の位置を変えてみたりして、
その雰囲気にさらに染まる。

悪くない。

イメージは彼女と朝まで喧嘩した主人公が、
呆然としながら家路へと車を走らせている場面。
古いアメリカ映画なら、ここでラジオを付けると
ビージーズかイーグルスの曲が流れて、
主人公の空虚感を更に引き立ててくれる。
あの時代の洋楽は偉大だ。

ピッ!

「借金の過払い金に関するご相談は……」

∘∘∘

そんなに上手くいくはずがない。朝イチのティショットは3Wにしよう。

に……

今日のゴルフは6時半に後輩が迎えに来てくれる！
今朝もまた彼は15分前に到着の知らせを入れてくる。遅れない様に余裕を持って早目に家を出たのだろう。
いつもありがとう。うん偉いよ、ちゃんとしてるよ君は……

ただどうだろう、
毎回毎回トイレの中で到着を告知される側の焦りを君は知っているかい？
もう着いてるのなら、なるべく早く出るけどさ……

でも、これだけは言わせてくれっ！

「出発前の……出発前の15分をナメんなよ！」

あくまでも理想ではあるのですが、迎えに行く側と迎えに来てもらう側の、
お互いの優しさが偶然にも5分前に重なって、
家を出た瞬間にスーッと車が到着するのが理想なのである。

まるでスパイ映画の様にね♪

第 2 話

スパイ映画の様

Ryoji *from Kettsumende*

PAR 365 DAYS

第 **3** 話

でも……

朝のティグラウンドの仲間たちは、
いつだって皆無駄に素敵な笑顔を輝かせている。
これから始まる冒険に胸躍らせる少年のように……

とはいえ、そんな空気も帰りのロッカールームでは様子が変わる。
悲喜こもごも。
勝者の笑顔はさらに輝き、敗者はうつむく。もちろん勝った者は
ねぎらいの言葉を忘れない。

「でもあのアプローチは上手かったよね!」
「でもドライバーは安定してるよね!」
「でも調子上がってきてるよね!」

『でも』って何だっ!
この場合の『でも』は、明らかに「まあ、勝ったのは俺だけど」なのである。
僕は仲間達の、この『でも』が嫌いだ。

だが逆に、この負けず嫌いの仲間達に、
『でも』と薄ら笑いをさりげなくプレゼントする優しさは
常に持ち合わせているのである。

そう……
ゴルフは紳士のスポーツですからね☆彡

手なれ

LIVEの時
お客さんのハイテンションに感化され我を忘れてイェーと叫ぶ。

ゴルフの時
同伴者のナイスショットに感化され左へ曲げてファーと叫ぶ。

LIVEの時
聴かせどころはスターを気取って瞳をとじ、手を広げ曲を歌い上げる。

ゴルフの時
決めどころはパターを握ってフェイスが閉じ、
引っ掛けて球を拾い上げる。

やれてる度合いに違いはあるが、やりたい気持ちに違いは無い……

ゴルファーと掛けましてミュージシャンと解きます
その心は……

どちらもスウィングとリズムが大切でしょう☆彡
「ドレミファー‼」

第4話

好 き こ そ 物 の 上

導 き

細い腕をしっかりと振り抜き
勢い良く飛び出したピンク色のボール……
ゆるやかなカーブを描き
遥か先のカップに祝福の音を響かせた。

その瞬間に思わず見せたキラキラの笑顔が
これから始まる長旅への第一歩になるのかもしれない。

まだ始めて三か月という彼女は、紹介された週一の高圧的なレッスンに
「何が楽しいのかイマイチ分からない」と、
少々不貞腐れ気味にラウンドをしていた。

一度「嫌い」を経由すると好きにする事はとても難しい……
何事もまずは「好き」になる事から始めさせてあげて欲しい……

この世界にある全ての導きは、きっとそうあるべきだ。

モデルさんの美しさを最大限に引き出す為に、
裏方さん達は汗だくになりながら仕事を全うする。

服が汗臭くなろうとも、
靴が泥だらけになろうとも、
口数が減る程疲れていようとも。

それに応える様に……
モデルさんは精一杯輝いて魅せる。

心に雨が降ろうとも、
明日も仕事があろうとも、
言葉では言い訳出来なくとも。

その両方が美しい。

その両方が美しいからこそ、
肉眼で見た世界を超える程に
写真は美しく輝く時があるのだろう。

第 話

美しさの秘密

第 **7** 話

パイセンも何も…

ゴルフの時の先輩はいつになく優しい気がする。
ゴルフの実力が明らかに自分の方が上の場合は特に……
何なら軽くアドバイスなんてしてみると、
「なるほど！」なんてキラキラの笑顔で素直に聞いてくれたりする。

昼食の時に「ご馳走様です」なんて言ってみると、
一瞬真顔になるが、「あーいいよ」なんて言ってくれる。

でも、そんな優しい先輩だからといって
グリーン上での微妙な距離にはOKは出さない。

案の上、先輩は笑顔でショートパットをハズし、
嬉しそうにお決まりの雄叫びをあげる。
ミスしたのに誰よりも楽しそうだ。

その瞬間に大人としての在るべき姿を学ぶ……
やっぱり先輩は偉大で格好良い。

その日の夜は、心を込めて先輩の緑茶ハイをかき混ぜる。

をして

Ryoji from Ketsumeishi

毎日君の事ばかり考えているよ。寝ても覚めても馬鹿みたいにね。

君と過ごす時間はいつだって幸せなんだ。
君が不機嫌な時だって、焦ったり慌てたりしながらも、
それはそれで楽しんでいるんだよ。
そんな僕を見て、君はどう思ってるんだろう……
君に笑顔で会う為の準備の時間
君と一緒に過ごした幸せな時間
君を満足させる為にと贈った沢山のプレゼント。

もちろん失ったものもあったよ。。。
それでも君に出会えた喜びの方が大きいんだ。
これからも宜しく☆多いつ迄も君の側にいさせて貰うよ♡

P.S.
あのさ〜っ、一度で良いから、一度で良いから
ちゃんと言う事聞いてくれないかな……？
勝手に杭の外に出たりさ、目を離したら砂遊びしてたりさ、
そこはプールじゃないよ！　それとパットは二枚までにして！
欲張って盛り過ぎなんだってば！　分かったよ！
ＧＢＢエピックスター【支払いを完了する】
ポチッ！

第 8 話

終わりの無い恋

るプラス

第 **9** 話

マイナスからみえ

突然の雨に降られた。

大好きな女性に突然フラれるよりはマシか……

最悪なのは、大好きな女性にフラれてすぐに
突然の雨に降られることかな……

ドラマではよくあっても、実際に起きた事は無いけど……

どうせなら太陽の様に輝く女性と、
青空の下で大好きなゴルフが出来たら最高に幸せだな。

そう考えたら幸せな気持ちになった。

雨が止んだら連絡しよう☆彡
雨が止んだらゴルフ行こうって☆彡

去年の秋冬に大流行りした迷彩柄のゴルフウェア。
ところであれって目立ちたい人が着るの?
それとも目立ちたくない人が着るの?

気になって夜も眠れないので、
もし全ての人が全身迷彩柄のウェアでゴルフをしたら一体どうなるのか!?
専門家の観点からわたくしが予測してみました。

事件簿①
「鈴木さ〜ん、どこ?　どこですか〜?」
キャディがプレイヤーを見失い、どうしてもクラブを渡しに行けない。43件

事件簿②
「お客様、本日はツーサムで宜しかったでしょうか?」
えっ!?　4人でまわってたのに
ツーサムの割り増し料金を取られてしまった。28件

事件簿③
「ここのゴルフ場のレストラン、坦々麺が絶品なんですよ。えっそうなの?
　じゃあ俺カレー、俺も、俺も、じゃ俺も……」
金曜日になると何故だかカレーを頼んでしまう。13件

事件簿④
「恥ずかしながら、見つけて参りました」
ロストボールを探し続けていたプレイヤーが30年振りに帰還する。1件

最後に本日の格言を一つ

迷彩は ワンポイントが ちょうどよい 合わせて着ると 逆に浮くカモ

第 10 話

迷彩妄想ゴルフ

第 11 話

ライフスタイル

サイパンにあるラオラオベイ
ウエストコースの9番ホール

この寄り添う椰子の木と出逢って
『ヤシの木のように』という曲を書いた。
とても気持ち良さそうに、フェアウェイのど真ん中でいつも揺れている。

ハワイで偶然見かけた虹のおかげで
『カルフォルニー』という曲も書いた。

遊びは仕事の役に立つと
マネージャーをゴルフバカに仕立て上げた僕のライフスタイルに
南の島は欠かせない。

ゴルフウェアの様な格好でライブをして
ライブ衣装の様な格好でゴルフをする。

公私混同も甚だしいが、そこのど真ん中には僕のライフスタイルが
ビーチチェアにパラソルまで付けてビールを片手に
どっしりと座っているのだ。

待ちに待った遠征ゴルフ。"ゴルフ合宿"と言う呼び名で、
真剣にゴルフに取り組む姿勢をやたらに強調してみる。

釣り人が、前夜に竿を眺めて翌日の釣りをする様に
ゴルファーだって、する事に然程変わりは無い。

クラブの重量感を確かめるように持ち上げてみては軽く左右に振ってみる
クラブ越しにぼんやりと見える時計の針は真上の位置で重なるが…

『悪く無い…… 悪く無いんだよ道具はさ……』
なんて言いながらやめるそぶりも無く
キャディバッグの中身を隅々までチェックし始めたら、もうキリが無い……

眺めては、想い出し…… 眺めては、想像し……
眺めては、想い出し…… 眺めては、想像し……

すると翌朝は眠い目を擦りながらの
旅の始まりと相成りまして。。。

第12話

前 夜 祭

似て

第 13 話

季節は心模様に

秋は丸眼鏡を掛けた白髪の老父の様に
穏やかで、物知りだ。

夏の最中には気付けない夏の素晴らしさ
その過ぎ去った夏が、
いかにエキサイティングだったのかを秋はそっと教えてくれる。
夏に始まった恋の行方さえ、秋には全てお見通しなのだろう……

我武者らさを思い出し、あの頃は若かったと
反省する想いは残暑に似て……
我武者らさを懐かしみ、あの頃は良かったと
嫉妬する想いは真冬に似ている……

ゴルファーでいえば、
ドライバーのティショットがそれにあたるのかもしれない。

バンカーを嫌がりドライバーを置きにいった僕の隣で、
100切りを目指す友人が今日も気持ち良さそうにマン振りをしている……
(^^)

ニー

ゴルフを満喫した後に温泉に浸かる……
いや〜なんて幸せなんだろう。
老いも若きも、ついつい『あ〜〜』と唸ってしまう……
『日本人で良かった〜』なんて。

でもよくよく考えたら西洋から入って来たゴルフと、日本の温泉

例えて言うならば、
クリームチーズと燻りがっこの様な組み合わせかな……

意外性のハーモニー
予想を超えた意外な組み合わせだと、
なぜだか不思議と感動が増したりする。

ゴルフデビューのチップイン
華奢な女性がドラコン賞
名門ゴルフ場の柔らかな接客
老人の昼食オーダーがパスタセット

ありますね☆彡ゴルフ場にも……(^^)

第 話

意外性のハーモ

ん

第 15 話

赤鼻の○○ちゃ

クリスマスだからといって
決して枕元にゴルフクラブのフルセットを置いてはいけない……

相手がそれ自体を余程欲しがっていない限りは、
けなげに喜ぶ姿を拝見出来る可能性は、極めて低い……

それはそれ、これはこれと
後から別のプレゼントを用意する羽目になる
エゴを押し付けられた女性は、
その代償にそれなりの対価を求めるのだ……

とはいえ、とはいえ、
どうしてもプレゼントしたい場合はキャディバッグはスタンドタイプが良い。
でないと、相手の寝相によってはクリスマスの朝に血を見る事になる。

寝起きから……
真っ赤なお鼻の○○ちゃんは……♪　って、なんでやねん！

そんな風にノリツッコミしてくれる
女性なら良いが、まずいないだろう……

Merry Xmas……、良いお年を。

PART 365DAYS

Ryoji from Ketsumeishi

皆様、明けましておめでとうございます。
本年もどうぞよろしくお願い致します。

さてさて真冬のゴルフといえば
早起きの辛さ、動かない身体、枯れ果てた芝生、凍ったグリーンと
マイナス要素ばかりが頭に浮かんでしまいますよね……

わたくしも以前、
左足下がりのガードバンカーが凍っていた事がありまして
グリーンの奥には池もあり、絶体絶命のピンチ……

しかしながらその日のキャディさんは
偶然にもコース所属のプロゴルファーの方だったので
ここはひとつと、「この場合の状況はどう打ったら良いのですか?」と
聞いたところ

「気合いです」

とただ一言、耳を疑う様な回答が返って来た事がありました。

言われた通りに気合いを入れ、打ったボールはバンカーの縁にあたり
凍ったグリーンで勢いは増し、池に張った薄い氷を突き破り、
ゆっくりと池の中へ……
その年初のウォーターハザードは見事に初笑いを誘い
爆笑での年明け初ゴルフと相成りまして……

めでたし、めでたし

第16話

今 年 初

第 17 話

ＴＰＯ

ゴルフのマネジメントを合コン男子に当てはめてみる。

ティショットは初対面。張り切りすぎの空回り（空振り）や、
危険な香りの林田茂美ちゃん（林）、
甘い声の砂川水樹ちゃん（バンカー＆池）は避けたいところ。
本命の真中正子ちゃん（フェアウェイ）の近くをしっかりキープ。

セカンドショットは自己PR。どういうキャラ設定で距離を縮めるか……
センスと判断力が問われます。

① 一発ギャグで女子達の気持ちを鷲掴み☆
② とにかく皆の側へ。後はアドリブ☆
③ 勝負所はまだ先だ！ まずは聞き役☆

さてさて結果は？
①→あなたの一か八かの振る舞いに女性陣はウンザリよ
　　（引っかけOBのダボ）
②→あなたの行き当たりバッタリ感に女性陣はウンザリよ
　　（ダフリトップでボギー）
③→あなたの守ってばかりの退屈さに女性陣はウンザリよ
　　（のらず寄らずでボギー）

ゴルフも合コンも求められているのは、バランスなのだろう……

ここで一句
ＴＰＯ　とにかくポイント　押さえとけ（字余り）

夢で見れた日もあるのだろうか……
ハッキリとは覚えていないけど……

全てのショットやパットが思い通りに打てたらいいな……とか
そしたら、自分の飛距離でもプロになれるかな……なんて
空想の世界でニヤけてみたりして。

でもライバルや仲間達と笑いながらの、
思い通りにならないゴルフもやはり捨てがたい……

18ホールで一度あるかどうかの、
ナイスショットの為に道具を買い換えたり、
練習に明け暮れたりする。

それぐらいが一番楽しいのかもね(^^)

夢一打

第 **19** 話

シーズン到来

旬の食材を旬にいただく。
やはり一番美味しく、普段の食事とは
明らかに違う特別な満足感があるような気がします。

冬場の枯れた芝生の色から新緑へと移り変わり、
やがて全ての木々や草が青々と茂った時、正にその時がゴルフ場の旬。

毎年待ち侘びる、ゴルフ場の美味しい季節の到来なのです。

春コンペの参加者や冬眠明けのゴルファー達も揃い踏みで
ゴルフ場は混雑しますが、
そんな時こそ待ち時間を利用して
移り変わる季節、旬のゴルフ場、華やいだ新作のウェア、
まだしっくりきていない友人のニュークラブに目を向けてみてください。。。

ダボは咲いたぞ バーディはまだかいな♪

皆様、素敵な旬ゴルフをご堪能くださいませ (^^)

ターフ

身を焦がす赤　鮮やかな緑

対極にあり、相性は良くお互いの色を引き立てる。

だからこそ緑のターフの上で、
赤いウェアを着て優勝した選手の印象は、とても強いのかもしれません。

しかしながら結局、赤は主役の色、緑は脇役の色
ヒーローの主役はいつだって赤だし、緑はいつも脇役なイメージだ。

緑の中を走り抜けて行くのは変わらずに真っ赤なポルシェだし、
恋人達は緑の糸では無く赤い糸に運命を感じて幸せ気分に浸る。

平等なのは、マルちゃんぐらいかな☆彡
どちらも美味しいし☆

そんな事を考えもせずに、優勝争いで自然と赤を着られる選手には、
やはりスター性があるのかもしれません！

次はどの選手が赤いウェアで優勝するのか……
個人的には楽しみでならない……

赤い主役と緑の

第21話

大 の 大 人 が ……

そこにそれがあるだけで……
大の大人が我を忘れる……

何度練習しただろうこの距離を……
何度成功しただろうこの距離を……

失敗するはずが無い……!

この時点で既に負の暗示にかかっている事にすら気付かずに、
今日も水面を僅かに上げる作業を難無くこなしてみせる。

ちょうど良い番手を持ったのに……
一番手上げて軽く振ったのに……
一番手下げて緩まずに打ったのに……

大の大人が我を忘れる……

ジェル

ドライバーの調子が良いと、アイアンの調子が悪くなる。
アイアンの調子が良いと、ドライバーの調子が悪くなる。

ゴルフあるあるでよく聞く話だ……

この何ともももどかしいスパイラルから抜け出すのは、
アマチュアにはなかなかに困難な話である。
いつの日かどちらも調子の良い日が来る事を
待ちわびて……待ちわびて……

つ、遂にその日が来たーーーー!!

ドライバーは曲がらずに飛距離も出ている。
アイアンは距離感も方向性も申し分ない。
ベストスコアの垂れ幕を掲げた天使が
頭の中を縦横無尽に飛び回る☆彡

が、しかし……

終わってみればもう何年も好調のパターを替えたくなる程に……

誰に何と言われても!
僕はそんな可愛い自分が好きだ!(T^T)

第22話

翼の折れたエン

第 23 話

ターフボーイズ

晴れより曇だと有り難い……
風よどうか吹いてください……
昼休憩は長めでも良いですよ……

ゴルファーはいつだって身勝手である。

梅雨明けを、あれだけ待ちわびていたはずなのに、
来たら来たで夏の肩身を狭くする……

去る頃にはまた引き止めて
夏の後ろ髪を軽く引っ張りながら……
名残惜しくも冷やし坦々麺を堪能する。

また来年、また来年と、
あっという間に過ぎる年月にただただ焦ってみたり、
感謝しながら、潔く頷いてみたり……

身勝手な分、
ゴルファーの夏は、今年もあっという間に過ぎ去って行く……

虹の袂を見た。

「虹の橋は何処へ続いているの?」
としつこく聞いて母を困らせた
幼き頃を思い出す。

ずっと知りたかった虹の先は
意外にも呆気なく
感動と言う思いとはどこか違う……

「こんなものか……」と心の中で呟きながらも、
珍しい光景を見れた喜びだけは余韻として残る……

ゴルフを始めた頃に70台で回る人に憧れた。

どんな気持ちなんだろうと……
しかしながら初めて自分が70台で回った時に
「こんなものか……」と感じた時を想い出した。

憧れは憧れのままが美しく
夢は叶った瞬間に儚さに変わる。。。

第24話

憧れは美しく

第 25 話

晩秋はさりげな

鮮やかな世界から
穏やかな世界に変わって行く……

夏から秋への宿命を垣間見て
冬がクスッと笑っている。

聞き分けの良い木々や草から潔く派手なシャツを
脱ぎ捨てて発色の良いシャツをそっとクローゼットにしまう。

また明日、また来週にと笑いながら
穏やかな笑顔で先にお会計を済ませた
紳士のタイミングで……

また会いたいな〜、と思わせてくれる

そんな秋は……やはり尊敬に値する。

いる？

ゴルフ場における木々の役割とは、
プレイヤーの戦略を複雑化し、ボールの行く手を阻む障害物である。

木に当たり、更に林の奥へ……、OBへ……、
池へ……、ロストボールに……、打った場所より後ろへ戻されたり……

ついてない日は、
キャディさんに「チェーンソー貸して」なんてギャグを交えながら、
顔で笑って心で泣く日もしばしば……

逆についている日は、
ティショットを曲げても曲げても、木々がフェアウェイへと戻してくれる。

きっとアンラッキーと同じ数だけラッキーもあるのだろう☆彡
木々や風を敵とするか味方とするかは
自分の気持ち次第なのね、きっと……

と、言ってる側から同伴者の右に曲がったセカンドショットが
半端ない大迫のポストプレーの如くバーディチャンスへと誘われた。。。

木 の 裏 に は 誰 が

第 27 話

フレンドシップ

昨年末に行われたタイvs日本の『アマタフレンドシップカップ』は、
三日間テレビにかじりついて観ておりました。

暇さえあればタイへゴルフに行ってしまうわたくしな事もあり、
普段自分が苦戦しているホールを一流のプロ達が
どう攻めるか等の見応えも確かにはありましたが、
それ以上に、他では無い男女ペアでの真剣勝負や、
限られた選手達でのテレビ放送が故に、内容が濃く、
選手一人一人の三日間のドラマが垣間みえた事が
何より観ていて楽しかった。

それから一月後、それを真似ているのでしょうか……

揃いのユニフォームを着て
勝手にフレンドシップカップを開催している4人を発見(^^)

いいね！　妥協無しで真剣に遊ぶ大人達って、本当に最高☆彡

最近、ゴルフ好きの友人が会う度に悩んでいる……。

珍しく「理論上は……」なんて口振りで真面目に語り出したりもして……

差すか……抜くか……？
差すか……抜くか……？

周りの皆は冷ややかに「どっちでも良いんじゃない……
結局ピンを差していようが抜いていようが、入る奴は入るんだし……」なんて。

それでも納得がいかない友人は、
次のラウンドからどちらが入るかちゃんと統計を取ると言い始めた。

それ以来その友人には会えていないのだが、
風の噂によると、必ずピンに当てなきゃと言うプレッシャーに押し潰されて
パターが絶不調になり

ピンを差したままやるかピンを抜いてからやるかの前に、
パターを替えてやるかの選択を余儀無くされた様です。

ちーん……。

第 28 話

抜き差し有り!

第29話

君 の 夢 は ？

君はとても可愛いね♡

「違う！　可愛いいじゃなくて、私は美人なの……」
そう言いながら澄まし顔をプイっと横に振ってみせる。

16歳の美人キャディは子供扱いされた事が気に食わなかったのだろう、
どうやら年頃の女性の扱い方を完全に間違えた様だ……

背丈もスラーっと170cm近くあるだろうその美人キャディに、
君はキャディよりモデルにでもなった方が良いんじゃ無い？
と言いかけて、直ぐに質問をすり替える。

君の夢は？

将来有望な16歳の田舎娘をこのまま埋もれさせては
勿体ないなんて考えは、
所詮傲慢な大人の考え方だと痛感させられた。

確かに幸せになる為には知らなくて良い事や、
見なくて良い世界が沢山あるからね……

「お母さんみたいなキャディになる事……」

僕が自信を持って打てるのは8番アイアンからですが、
バッグには7番アイアンから入っています。

きっと7番アイアンを抜いてしまったら
自信を持って打てるのは9番アイアンに変わってしまいそうだから……

この度6番アイアンをバッグに入れようと練習に明け暮れたが、
練習場でどんだけ上手く打てても、
コースに出たらやはり思うようにはいかない……

だから練習場で5番アイアンの練習をする事にした。

なるほど……、二歩先まで行ける余力を付けて
初めて一歩先までいけるんだね……

振り返れば人生もそんな気がした。

第30話

余力のある選択

打 の 価 値

第 31 話

一打の勝ちと一

アマチュアゴルファーの一打の価値は
時として大きく変動する……

「今日は○○の調子が悪いから駄目だ……」なんて
早々に当たり障りのないゴルフに切り替えて、
昼食には小ビールを付き添わせたりしてね……

調子の良いライバルにも、
「何だよビールぐらい付き合えよ」なんて
きっちりと巻き添いまで用意したりして……

そんなライバルが後半調子を崩した途端に……
はたまた、いつも自分より下のスコアの後輩が
一打差まで追い上げて来てるとなれば、
一打の価値は急騰するのだ……

上がり3ホールは別人の様に……

急にスイッチを入れても
間に合わない時もあるけどね……(^^)

キャディバッグを見てゴルファーの人柄を感じる……

使っているバッグやクラブを見てこの人は手強そうだな、とか……
でもスプーンのカバーだけは可愛らしいから、
娘さんからのプレゼントかな?　なんて……
勝手に年齢は55歳、建設会社の結構偉い人じゃ無いかな?
とか想像したりして……

そんな事を考えてふと、自分のバッグを見た時に……
ちゃんと自分らしい物を手に出来ているのかな??
なんて……

若作りし過ぎな気もするけど……、老けて見られるのは嫌だしなぁ……

自分らしさに年相応を織り交ぜて手強さと可愛らしさをスパイスに
潮風のドルチェを焙じ茶と共に……

そんな感じが理想かな……

第 32 話

可愛さスパイス

ドジな魔法使い

新しいウェッジを買った
寄せワンが面白いようにとれる。

アイアンの溝規制前に使っていた
"自分史上最強"のウェッジにも引けを取らない……

とうとう見つけたのか……?

まだ魔法がかかっているだけなのか……?
魔法が解けたらまた去ってしまうのか……?

ならばミスをして魔法が解けないようにと、
別の種類のプレッシャーがかかってくる……

寄せた後はパターにも……
更にはグリーンを狙うアイアンショットにも……

だとすると、
フェアウェイキープをとティショットにも……

うっかり自分で自分に魔法をかけてしまったようだ……

フ

完全にゴルフ焼けの身体で海やプールに行くのは
避けるべきだと知りながらも……
日焼けサロンに行くのもなんだかな〜。

なんて……

なら一層のこと素っ裸でゴルフが出来る
ヌーディストコースなるものを作ったらどうだろうか……

想像すればする程に悲惨な光景ばかりが頭をよぎる

だとしたら……

ゴルフウェアを着たまま全身が日焼け出来たら最高なのにな〜。
そんな夢の様なウエアは無いものか……

結局無理だと知りながら
無様な日焼けのまんまで海に浮かんで戯けてみせる。

第34話

ヌーディストゴル

第 35 話

今 更 サ マ ー

シーズン真っ只中だというのに何故だか調子が悪い……

伸び過ぎた夏ラフのせいか……
ぬかるんだフェアウェイのせいか……
練習をサボり過ぎたせいか……

浮かれた夏を後悔しても何の解決にもならないが……
サボり過ぎたツケを取り戻すにはそれなりに時間が必要みたいだ。

自分勝手に遊び過ぎて形を変えてしまった
若かりし頃の恋の終わりが今更ながらに身に沁みる。

夏の夜風を想い出し……

秋の夜長に君を想ふ……

美しかった千葉のゴルフ場が悲惨な事になっている……

フェアウェイのど真ん中でいつも邪魔をする大木を
真夜中に切ってしまえ！　なんて……
冗談でいっていた事を反省するぐらいに酷い状況だ……

そこに有るべき物がある
当たり前の様でとても大切な事……

だから僕も居るべき時に
居るべき場所にいたいと思う……

人に望まれた時に
人に望まれた場所で

自分が望んだ時に
自分の望む場所へ

素適材素適所

Ryojiの私物拝見!!

ゴルフウェア編

GRANDEUR

グランデュール

https://gd-golf.jp/

「沖縄発祥のゴルフブランドなので、ケツメイシとの縁を感じました。4〜5年位前から着てますが、柄は主張してくれるけど、シックな色味がお気に入り。あとラウンドで着ていても、汗を吸収してくれ快適に過ごせますね」

南国ならではの
雰囲気を
身に纏いたい

adidas Golf

アディダスゴルフ

https://shop.adidas.jp/golf/

「プロが履いてて興味がありま
した。実際に履いてみると、今
までの中で一番いい。フィット
感、クッション性、ゴルフシュ
ーズを履いてるとは思えないク
ォリティ。真っ白なデザインは、
何にでも合わせやすい」

毎回コレ
ばっかり
履いてしまう！

サボリン

第 37 話

ボヤッキーとオ

今年はベストスコアの更新はなりませんでした。

まだ今年も残りはありますが、
冬眠気質のわたくしは寒くなると極端に元気が無くなります。

あーあー、300ヤードまで打てる屋内の練習場があれば良いのに……

そんな儚き願いを思い続けて10年になりますが、
きっとそんな我がままな施設は利益を出す事は難しいのでしょうね……

屋内のスキー場よりは需要がありそうな気がしますが……

都内には一球20円を超える練習場がいくつかありますが、
いったい一球いくらなら採算が合うのだろう……

河辺で50円玉を投げて水切りするぐらいに
罰当たりな感じになるのだろうか……

夏はクーラー、冬は暖房完備
隣接した温泉施設も欲しいな……

寒い朝、夢と股間は膨らむばかり。

葉 の 壁

タイのキャディは個性派揃い
お互い楽しくやろうと甘やかすと、取り返しが付かなくなる場合も……

その日は調子も良く、ハーフが終わって−2
ベストスコアも視野に入る上機嫌のラウンド

ライン読みを頑張ったキャディを労い
売店で飲物でも買ってあげようかとポーチを見ると……
細かいお金が無く1000バーツ（約¥3,500）のお札を一枚渡して
「何か好きな物を買いな……」と……

すると両手に焼売でパンパンの袋を
二つ持ち自分のバックに詰め込んで……
「ハイっ！」とコイン一枚（約¥35）のお釣りを返されました。

お前それ、お前それさ……家族の晩御飯やないか～い

空いた口も塞がらず……呆れて突っ込みも入れられず……
後半は＋7

頼む！　お金は良いから
スコアを返してくれ……

第 38 話

スコアの壁と言

第 **39** 話

地 球 の 裏 側 で …

会いたかった人に会えた……
他の日本人選手とは明らかに違う種の経歴を持つ彼を……
以前から尊敬していた。

14歳で単身渡米した理由は……？
「日本ではやりたい事が見つからなかったから……」
その当時、若くしてゴルフをやる人が稀だった時代に、
彼は14歳にして既に明確なビジョンを持ち合わせていた！

僕はと言えば……
初めてギターに触ったのが14歳……

深夜テレビにかじりつき、
いつも地球の裏側から応援していた事を伝えると……
「実は僕の車の中のオートチェンジャーには
　6枚とも貴方のグループのCDが入っていました」

……目頭が熱くなる。

地球の裏側同士で、お互い知らない間に支え合っていたんだね……

その日は言うまでも無く飲み明かした。
地球の同じ場所で……

・ ・ ・ ・ ・ ・ ・

客も疎らなレストラン
素朴な感じのジェントルマンが
慣れた手付きでピアノを弾く。

優しい音色が絶妙な音量で静かに鳴り響いている。

時おり見せる微笑みは
誰かとの想い出を懐かしんでいるのかな……

ゴルフもこんな風に出来たらとても素敵だろうな……

想い出をコースと語りながら
そっと微笑みを浮かべて
絶妙なタッチでゴルフを奏でる。

慣れた手付きでショットして……

ナイスショットの数だけ
お洒落ですねと言われたい。

なんてね……

慣れた手付きで

ようとして……

見えない物を見

人は眼に見えない物ほど怖い……

眼に見えない恐怖！

幽霊や心霊現象なんかもそうだが……
それらに打ち勝つには回避能力もしかり、
とにかく強い気持ちが必要となる……

例として……

好きな女性の本当の気持ち……
「愛してる」というタイ人の本音……
「一生ついて行きます」と言う部下の想い……
「イケるっしょ!」が口癖の友人の後押し……
妻がめっちゃ不機嫌な時の理由……

ちゃんと気持ちを持って誠実に的確に対処出来れば
これらの例は何ら怖くは無い。

ただひとたび、気持ちに隙があったり
後ろめたい部分があるとどうだろうか……

疑ったり、理由を探したり、開き直ったり、
諦めたり、不安だったり、無茶をしたり……

結局コロナウイルスの怖さって
こんな感じなんだろうな……

窓から見える空はいつもと変わらずにとても綺麗だ……

青々として雲は真っ白で
淀みの無い笑顔で僕を手招きしている……

「外に出たいけど駄目なんだ……」
太陽は不思議そうな顔で首を傾げている
「今回ばかりは本当に駄目なんだ……」

言う事を聞かなかった才能は、
いつ頃僕の元を去っていったのか……

駄目だと言われてワクワクした感情を、
僕は何処で失くしたのか……

聞き分けの良い大人があの頃の少年の様に……

窓枠に重ねた手に顎を乗せて……
穏やかに吹いた風に想いを乗せて……

第42話

あの頃ならきっと

長かった自粛期間のなか
改めてゴルフの有り難みを感じた。

いつになく真剣な趣きで
ティグラウンドに立ち礼を尽くす。

いつだって当たり前にあると思って
いつしか諦めという名のエンジョイゴルフを
繰り返す事に慣れてしまっていた……

だけど今日からは……今日だけは……
そんな自分に……そんな自分に……
ピリオドを……
…………打つ!!!!

……!?

次回だ、次回からだ。

あ〜キャディさん
球探しに行かないで大丈夫です〜。

第 話

今日から俺は

第話

僅かの極み

こちらはフェードを要求しているのに球が逆に曲がる……

何度打ち方を気をつけてみても
谷町ジャンクションで道を間違えたかの様に
想いとは裏腹の方向へ曲がって行く……

なのでシャフトを0.25インチカットしてみた
するとイメージ通りの球が出る様になった
僅か6ミリ程度でこんなに変わるのか……

まあ確かに
ポッキーゲームの6ミリは生死を分ける境目の距離ではあるが……

ほんの僅かな誤差でも
先に行けば行くほど取り返しの付かない差が生まれてくるのだと……

その時に……！
唇が触れたか触れないかで人生は大きく変わるのかもしれません……

信じるか信じないかは……
スコア次第です……！

『雨が僕らを面白くした』
濡れる事を恐れずに
土砂降りの中を飛び跳ねてはしゃいだ日……
潔さの先にある気持ち良さから開き直りの美学を学んだ。

『雨が僕らに切なさを教えた』
傘を持たずに雨宿りをする女性を眺める度に……
たった一言声をかける事が出来なかった
あの頃の自分を思い出す。

『雨が僕らを大人にした』
はしゃいだ春と浮かれた夏の間に
人生はそんなに甘くは無いのだと束の間の足止めから
動かない勇気と我慢する優しさを与えてくれた。

『晴れ間ではなく……雨が僕らを強くした』

第45話

メーアーリーフー

共に

第46話

悲しみは名曲と

エースパターが死んだのさ
とっても良い奴だったのに
林の中から無理をして
フェイス部分を……傷付けた

あ～あ～直してくれとは言わないが
そんなに傷がつくものか……
ナナバン　ナナバン　使えれば
ギザギザフェイスのエースパター

一緒に色々なところを旅して
一緒に色々な相手と闘って
何度、浮気しても許してくれて

共に得た成功を、
決して自分のおかげと言わずに長い間支えてくれた君……

いままで本当にありがとう

加 減

腕利きの料理人のお店へ足を運ぶ。
何やら客を選ぶ程に気難しい人らしい……
とりあえず余計な事は言わずに
出された料理をいただくとしよう……

カウンターにはアラフィフのゴルキチが3人、
笑顔で楽しそうにゴルフ談議……
時おり料理人の蘊蓄も交えながらも
3人のゴルフ談議が尽きる事は無い……

次第に料理人は蘊蓄に熱を入れ始めるが
ゴルフ談議には我関せずで
火加減や塩加減と睨めっこしながら
手際の良い仕事を続けていたのだが……

「俺もゴルフ初めてみよっかな?」

えっ……?

気難しそうな料理人の呟きに一瞬、
時が止まったかの様にその場が静まり返る。

「あんまりにあんた達が楽しそうに話すからさ〜」

PAR
365
DAYS
Ryoji from Ketsumeishi

濃 い 味 の 好 き さ

!!

第 48 話

You say フォアー

ツカマルンとツカマランは双子の姉妹
あなたの周りにいつも寄り添う妖精さん。

あなたの体調や調子を心配しながらいつもどちらかの妖精が飛び回る。

時には姉妹総出でかわりばんこに飛び回ったりする時もあるけど、
そんな時は決まって道具のせいにして
魔法の杖を買い換えてみたりする。

そんな御主人様をクスクスと笑いながら
今日も休まず一生懸命に飛び回る。

ツカマルンとツカマランの弟はまだ小さく
姉妹の様には飛び回れないのだが
いつか弟のホドヨインが御主人様の側を飛び回れる時を待ち侘びながら……

きっと明日も元気に飛び回る
ツカマルンとツカマランなのでした。

おしまいおしまい

されて

第49話

損なルールに騙

永遠に100前後な後輩二人から勝負の依頼が……
一人対二人の変則マッチで、
ハンデはエブリワンとベストスコア
これでプレー代を懸けて勝負がしたいらしい……

まあ、普通に考えれば、相手は100前後
こちらが80で上がれば良い勝負か……

ならばいざ勝負へ!

確実に3オン狙いの二人は意外と噛み合って
必ずどちらかがボギーを取る展開に。
こちらも必死に微妙な距離のPARパットをねじ込むが……

17番を終えた段階でこちらの2ダウン
ここまで+1で来てるのに何でこんなに辛い勝負なんだ!

するとキャディ
「エブリワンとベストスコアだと
　18打×2人でハンデ36になりませんか?」

えっ……

PAR
365
DAYS
Ryoji from Ketsumeishi

れてって

いつもの冬なら暖かい風を求めて
お気に入りの場所へ旅ゴルフなんて時期なんですがね……

勉強を全くせずに親の怒りを買い
ゲーム機を没収された子供の頃の様に
他にやる事あるけど無い様な……
他に何かしてても虚しい様な……

まだゴルフが出来るだけ有難いと電熱付きのベストを新調して
骨伝導式のオーディオサングラスで音楽を聴きながらゴルフしてみた。

これが悪く無いの……

なんだか見える景色も別世界。まるで貸切のゲレンデに居る様で……

だからどなたか……

私をゴルフに連れてって♡

第 50 話

私をゴルフに連

第 51 話

ＰＡＲ３６５日

好きになればなるほど空回りしたりして、
意に反して上手くいかなくなったりして……

少し距離を置いてみて
上手くいかなくて当然だからと程よく力を抜いて、
考え過ぎずにシンプルに！
と思った時から、また良くなったりして……

きっと僕らは、
そんな繰り返しの中で生きている……

恋愛も仕事もゴルフも遊びも……

それでも好きで居続けたいと思うひたむきさが
好きを日常や仕事にして愛に変える力になるのかもしれないね……

これからも愛する仕事で
世の中に愛を届けよう……祝150号。

桜は何も変わらず綺麗なのに
いつまでもマスクなんてしていたら
春の香りも感じられなくなる気がして……

目を瞑りそっと深呼吸をして無理矢理にでも春を感じてみる……

イライラも収まり少し気分が楽になる
色々あるけど、溜め息では無く春の陽気を利用して深呼吸を

春の緑や花々を見る度に
そっと目を瞑り、春色の深呼吸を……

鼻と花

ぜ！

第53話

母ちゃんやった

表情から察するに……

夢が叶った瞬間の彼は
今迄の努力が走馬灯の様にフラッシュバックして
お世話になった人達の顔が次々に浮かび上がり
本当かどうか信じられない戸惑いと
隠しきれない程の歯痒い喜びを感じた事だろう……

夢が叶う瞬間の人は皆そんな感じになるのかな？
なんて……

彼から比べたら小さいけど
自分の夢が叶った瞬間を想い出してみる……

70,000人の日産スタジアム。

ステージに上がった瞬間に涙が溢れそうで……
そして無意識に心の中に浮かんできた言葉は……

「母ちゃんやったぜ！」だった。

下 手 に な る

練習が楽しい時は、確信を得た時?
練習が楽しい時は、目標がある時?

新しい道具を買った時?
新しい技術を覚えたい時?
ラウンドで調子が悪かった時……?

新しい彼女が出来た時?
可愛い女性に「ゴルフ教えて」って言われた時?

理由は何でも良いけど、
嫌々やっても全く意味が無かったり、逆に疲れてしまったり……

人生も機嫌良くマイペースでいる時の方が流れが
良かったりするしね……(^^)

やれば やるほど

達 の 疑 問

第 55 話

そうじゃない者

同じショットの質ならば
イケメンな方が上手に見えたりするのかもしれない……

ただ逆にミスショットのダメージは
むしろイケメンの方が大きいのかもしれない……

だとしたら平等ではあるのだが
何故だか腑に落ちない……

恋をした相手に振られた時も同じ様な事なのか……??

振られて落ち込むイケメンを
そうじゃない者達が慰めてる画は
何とも微笑ましい感じではあるのだが……

謎は未だに解明する事が出来ない……

何故なら普段ゴルフをする仲間にイケメンが居ない……

PAR 365 DAYS
Ryoji from Ketsumeishi

様 へ

最近どこのゴルフ場へ行っても
直していないボールマークが目立つ。

ゴルフ場に沢山の人が訪れ
ゴルフを始める人が増える事も
とても素晴らしい事ではあるのだが……

人の心と同じで
悪気なく誰かを傷付けてしまった時に
直ぐに謝れば心の傷は早く治る。

自分が付けた傷も他の誰かが付けたキズも
当たり前に直せる紳士淑女が世の中に溢れたなら

街にもゴルフ場にも
もっと優しい風が吹くのかな……

紳士淑女の皆

第 57 話

未 完 成 の 景 色

そこに君がいるだけで
とても素敵な場所に来た様で

そこに君がいるだけで
目に映る世界を一層輝かせる。

錯覚は時に美しく
秋夜に浮かぶ月の様に淡い光で僕らを包み込む。

質素な線香花火で充分だよ
君と一緒に観る花火なら……

あり合わせの発泡酒で充分だよ
星空の下、君が側にいるのなら……

ダーの様に

前の組にキャディが多いだけで
あの微笑みの国を思い出す。

キャディ研修かな……?
どんなキャディになるのだろう?

結局、人と人だから合う合わないはあるけれど、
気の合うキャディに当たるだけで
その日のゴルフが最高に楽しかったりする。

やはり素敵なお仕事に変わりはない……

人生相談をする様にラインを聞いたら
迷いを消してくれる様に導いてくれる。

老舗のバーテンダーさながらに
多くは語らずに微笑んだり頷いたり

また来ますね!　カランコロン。

第58話

時にはバーテン

等

第 59 話

酒 の 肴 に な る 僕

10回に1回のショットが決まったり
誰も予期すらしないパットが入ったり
アマチュアゴルフの醍醐味は
スコアだけの世界ではない。

驚きや困惑や悔しさを織り交ぜながら
優越や満足や爆笑を生み出していく。

それを運良く動画に収めたり……
運悪く動画に収められたり……して。

忘年会や新年会の度に
あの時の嬉しさや恥ずかしさを
再び仲間と味わったりして……
やっぱりそれが最高の酒の肴になる。

また来年も一緒に笑おうね!

屋

先日、10年振りにゴルフをするという
友人とラウンドをした。

何ホールか消化してウォーミングアップも完了したので、
少しドライバーを振ってみた。

「やっぱり上手いですね〜」
なんてお世辞をいただけば調子も気分も悪くない。

しかし、セカンド地点に着くと
意外にもボールは友人と同じ位置にある……

「野球をやっていたから飛ばすね〜」
なんて笑いながらも心中穏やかではない。

その後更に振りだすと逆に飛距離が落ちる。
いよいよオーバードライブされてしまった。

スイングを見る限り、負けるはずはないのだが……

10年振り？　ゴルフ？　まさか……？
友人のクラブはガッツリ高反発ドライバーだったのである……

まあ、10年振りならしょうがないか……

無邪気な飛ばし

人 達

奇跡を信じる大

ゴルフというスポーツは
とても不思議なスポーツだ。

2度と同じ条件が無い中で
各ショットに想いや情熱を注ぎ込んで
時には運任せに祈りすら捧げたりする。

10回に1回のスーパーショットが決まる時があれば、
10回に9回成功するショットやパットをミスしたりする。

それぞれ自分の力量に見合った手札を持ち
常に確率勝負をしているはずなのに
何故か確率の低い方低い方を選択する勝負に
心躍らせてしまう……

その様を雲の上から見下ろしたなら
それはまるで大の大人の
すごろくゲームの様な光景なのかもしれない……

何でもやるからには真剣にやらないと、
と思う気持ちも大切。

所詮遊びだからと
気楽に楽しむ気持ちを持っていることも大切。

バランスが大事なんですよね～。

あまりに熱くなり過ぎて楽しさを忘れるぐらいなら
たまには肩の力を抜いて特別ルールで和気藹々と……

仲間が居てのアマチュアゴルフ
笑いがあってのアマチュアゴルフ

こんなご時世だからこそ尚更に……

今年もゴルフ場に沢山の笑顔と笑い声が溢れます様に……

遊び心が拠り所

ルフ人

第 63 話

四 季 あ る 国 の ゴ

早く暖かくなれ～と
願うばかりで練習もせずに
冬季オリンピックを観ながら
ぬくぬくの部屋で缶ビールと戯れ続けていた自分が
今年初のゴルフでどんなプレーをするのか楽しみでならない……

意外と普通に打てたりとか……
寧ろ良くなっていたりだとか……
前向きな期待が先に立つ自分が可愛くて仕方がない。

打てなくてもええじゃないか……
出来なくてもええじゃないか……

春は毎年必ず、
僕らをお祭り気分にさせてくれるのだから……

成長は目に見えた方が分かりやすいが
いつからか目に映らないほど微々たる物になり、
核心もないままに日々努力と、
その積み重ねが必要となる。

歯痒かったり、不安だったり
苦しかったり、悔しかったり。

負のオーラにも似たその欲求を
満たせる日が来ることをただ信じて。

寒い季節の存在は、
暖かさへの感謝を忘れぬ為にあるのだと
鳥は唄いながら、花は咲きながら
そっと僕らに教えてくれている。

冬の間の行いは……

春に必ず開花する。

第64話

開 花 宣 言

第 65 話

殿 方 の 務 め

朝イチのティショットは
トイレもゴルフも方向性に不安が残る。

意図せぬ方向に飛ばさない為にも
やはり力まずに下半身を安定させて行うことが、
男たる者の務めである……

朝イチからOBゾーンで球を探したり
渋々掃除をする姿を決して女性に見せない為にも、
より慎重さを期すことを我らは怠ってはならない……

その日一日が良い日になる様に
例え二日酔いでも、寝惚けていても
朝イチのティショットだけは
ミスをしてはならないのであーる!

ease

テイクバックはこの位置
腕の角度はこんな感じ!

皆に美しいと言われるフォームとは
やはり積み重ねの賜物なのであろう……

何度も女性に花束を渡している紳士のさり気ない花束の渡し方も……

何度も男性に花束を貰っている淑女の驚きや喜びに満ちたポーズにも……

きっと積み重ねて得た自分なりのフォームが存在するのかも。

初めて一緒にラウンドする相手でも
一組前でラウンドする遠くの他人でも
所作を見れば大体のゴルフの腕前は分かってしまうのだから……

無意識に……ただ繰り返し繰り返す。

第66話

Come again pl

第 67 話

最 高 の ス ポ ー ツ

今年は有り難くも本業が忙しい為
競技ゴルフは1年間お休みをして、
ストレスやプレッシャーから解放された
エンジョイゴルフを楽しむことを一番の目標としている……

何が起きるか分からないメンバー構成での
パルプンテを唱えた様なゴルフも、醍醐味の一つであろう……

前日よく寝られる様にと巷で話題の乳酸菌飲料を飲み干し
逆に楽しみになり過ぎて、
1時間しか寝れずに臨んだ一か月振りのゴルフ……
16番ホール終了時で−4のベストスコア更新ペース……

ゴルフってやっぱり

謎多き魅力に満ちた最高のスポーツだ!

トスコア

お笑いゴルフが持ち味の友人が
何やらベストスコア更新の兆し……

残り4ホールで4オーバー。

初の70台を出そうかというのに余裕すら感じる安定の内容だ……
こういう状況では同伴者にも何とも言えぬ緊張がのし掛かる……

そこで友人のドライバーショットが、まさかの右の林へ……

ピッチャーが連打を浴びてピンチを迎えた時の様に
皆が友人の元へと駆け寄る。

この行為のせいだったのだろうか?
スヤスヤと寝ていた彼のプレッシャーが目を覚ましてしまったようだ……

「また頑張ろうね……!」

第68話

夢と消えたベス

ダリ

第 **69** 話

継続はラジバン

この連載を始めてからもうすぐ6年が経とうとしております。

月末が近づくと編集長から
「そろそろ原稿宜しくね〜」と、言われたまさにその瞬間に
ただ思い付く事を書き留めていただけの連載ではありますが……

最後の四話という事もあり
本業のメンバーに軽く触れてみようかと思います。

リーダーの大蔵選手
ゴルフクラブに例えるならパター。
ライブにおける彼の仕事量は途轍もなく
特にイントロや間奏、アウトロを埋める繋ぎのMCは
自分的には日本一では無いかと常々思っております。

ほぼ全ホールで使用するパターは
絶対に無くてはならない存在ですね……

パターと大蔵選手に日々感謝!

一話では見応えのないものでも72話も集まれば、
それなりに皆様の記憶に残るようなものになるのだと信じて……

全盛期の巨人軍を支えた川相昌弘選手の送りバントのように
やり続ける男の格好良さ。

ライブ中の爆笑MC担当のRYO、
この人もまさにそういう一人ではないでしょうか……

25年にわたり我が身を汚し、
自らの体験談を語り続けて来た彼には
毎度頭が下がる思いでございます。

メンバー最年長のRYO選手
ゴルフクラブに例えるならドライバー。

彼のその日のテンションが、
そのままライブの結果となる程に、
彼の影響力は絶大なのです。

良く考えれば雑誌そのものこそ半ページ1ページの集合体……
皆の思いが詰まったこの雑誌こそ
決して破られることは無いのだと信じて……

第 **70** 話

三 本 の や や ウ ケ

パイスを

第 **71** 話

人生に攻めのス

攻める気持ちの先にある失敗は
悔しさの隣に清々しい風が吹くが
逃げる気持ちの先にある失敗は
後悔という名の雨に降られる様で……

攻める事と無茶をする事の意味が違う様に
逃げる事と守る事は似て非なるものだと
彼はいつも教えてくれている様で……

戦場を見守る軍師の様に
いつも一番後ろで全てを見極めながら
時に誰も気付いて無いだろうと思っていた事を
彼はサラッと褒めてくれたりする。

メンバー1の勝負師DJ-KOHNO
ゴルフクラブに例えるならSW。
ピンチもチャンスも彼がいるから踏ん張れる……

メンバー最年少でありながらセンス抜群にこの世の中を渡り切る。

大 人 達

ゴルフを通じて得た物の数は計り知れない
本当にゴルフを始めて良かったと思うし
何よりも続けて来て良かったと思う……

知ったつもりになって「もう飽きた」とかいってしまった事も
何度かあったけどね……

まだまだこの先も君との旅は続いていく
色々な場所で様々な人達と戯れながら……

ディナーよりランチを食べる感覚かな?
青空の下でビール片手に談笑しながら
この先も君と過ごしていきたい……

メインボーカルのRyoji
ゴルフクラブに例えるならアイアンセット。

色々と器用にこなしますが
やる気の有無が顕著に出ますので、生かすも殺すもあなた次第。

と、いうことで……

皆様、長い間お付き合いいただきありがとうございました。
またいつかどこかで……

☆完☆

最終話

ランチが似合う

Message
from Ryoji

楽しくないと始まらないし
楽しくなければ続かない

それぞれの感じ方があって
それぞれの楽しみ方がある

決して人に押し付けたりしない様に……
決して人に押し付けられたりしない様に……

とにかく笑って楽しんで
これからもそんな風にゴルフとの
長い旅を続けて行きたいな！

皆様のゴルフライフがこの先も
素敵な笑顔で溢れます様に……♡

PAR365日

Ryoji from ケツメイシ

2023年2月24日　初版第1刷発行

発行人	加藤寛之
編集人	水上貴夫
発行	株式会社ADDIX 〒107-0062 東京都港区南青山3丁目1-31 KD南青山ビル7F 代表　Tel.03-6427-7621
発売	株式会社マイナビ出版 〒101-0003 東京都千代田区一ツ橋2-6-3 一ツ橋ビル2F 販売　TEL.03-3556-2731
編集	公文裕介
写真	柏木ゆり、鈴木克典
ヘアメイク	太島幸樹、速水昭仁
アートディレクション	池辺隆之
デザイン	坂口和巳
DTP	大野如子、井出菜々恵
校正	大隈里砂
撮影協力	渋谷ゴルフクラブ　Tel.03-6712-7838
印刷所	大日本印刷株式会社

Printed in Japan

ISBN978-4-8399-8282-9